COMMENT SE SOULAGER
des
MAUX DE TÊTE
et des
MIGRAINES

D1413925

Du même auteur :

*La Santé, c'est votre affaire – Le guide de
l'Homéopathie*
© Édimag inc. – 1991

Healthy... Naturally – A guide to Homeopathy
© Homeocan inc. – 1993

Libérez-vous de vos allergies
© Édimag inc. – 1993

Comment se soulager de l'arthrose
© Édimag inc. – 1993

Retrouvez votre forme grâce aux Oligo-Éléments
© Édimag inc. – 1993

C.P. 325, Succursale Rosemont
Montréal, Qc H1X 3B8
Tél. : (514) 522-2244

Éditeur : Pierre Nadeau
Collaboratrice à la rédaction : Caroline Gauthier
Mise en pages et couverture : Iris Montréal
Distribution : Agence de distribution populaire inc.
Filiale de Sogides Ltée
955, rue Amherst
Montréal, Qc H2L 3K4
Tél. : (514) 523-1182

Dépot légal : deuxième trimestre 1994
Bibliothèque nationale du Québec
Bibliothèque nationale du Canada

HOMÉOPATHIE

COMMENT SE SOULAGER
des
MAUX DE TÊTE
et des
MIGRAINES

TABLE DES MATIÈRES

CHAPITRE 2

INTRODUCTION

Les maux de tête et les migraines font souffrir 11,5 millions de Canadiens dont 3,2 millions qui sont frappés par la migraine. Même si cette affection n'est pas contagieuse, elle n'en demeure pas moins un fléau.

Légers ou violents, passagers ou chroniques, les maux de tête ont des répercussions incroyables sur la vie quotidienne des gens qui en souffrent. Économiquement et socialement, ces maux de tête coûtent très cher. Qu'il s'agisse d'absentéisme ou de baisse de productivité, il en coûte près de 500 millions au Canada dont 190 seulement au Québec, et ce, chaque année!

À l'heure où hommes et femmes veulent prendre leur santé en main, l'Homéopathie constitue un moyen thérapeutique tout à fait efficace et naturel dans le traitement des maux de tête.

Dans ce livre, nous verrons ensemble les différentes origines des maux de tête, les facteurs susceptibles de les déclencher, et bien sûr, les traitements qui conviennent à chaque cas. J'espère sincèrement que ce livre pourra vous aider à y voir clair, et surtout, qu'il sera pour vous le tremplin vers une vie sans maux de tête, ou presque!

CHAPITRE 1

UN MAL SANS SANS FRONTIÈRES

Qui d'entre vous n'a pas eu, un jour ou l'autre, à souffrir d'un mal de tête? Légers ou intenses, aigus ou chroniques, les maux de tête font depuis toujours d'innombrables victimes. Peut-on parler de maladie du siècle? Pas du tout. On parle d'une maladie de civilisation, et rien de moins!

Si ce mal est manifestement sans frontières, il ne fait non plus aucune discrimination. Et même s'il frappe davantage les femmes que les hommes, que vous soyez riche ou pauvre, noir ou blanc, célèbre ou inconnu, ce mal frappe sans distinction. La liste des victimes célèbres est là pour en témoigner: Sigmund Freud, Karl Marx, Jules César, Virginia Woolf, Chopin, Tchaïkovsky, Darwin, ainsi que Lewis Carroll, auteur de *Alice au pays des merveilles*, qui souffrait constamment de maux de tête!

Comme plusieurs d'entre vous, ces personnalités ont souffert le martyre; et comme vous, c'est à force de persévérence et de ténacité quotidienne qu'ils sont parvenus à accomplir de grandes choses.

UN PEU D'HISTOIRE

Universels, les maux de tête préoccupent l'humanité depuis les temps les plus anciens. L'histoire et l'archéologie sont là pour le prouver. Ebers, un égyptologue du début du siècle, a fait une incroyable découverte entre les jambes d'une momie: un papyrus daté de l'an 1 500 avant Jésus Christ; ce document citait lui-même d'autres textes. Un de ceux-là traitait d'un cas de migraine qui remontait à l'an 3 700 avant notre ère.

En plus des papyrus égyptiens, on en a également trouvé la trace sur les tablettes gallo-romaines, les idéogrammes japonais et chinois, les gravures aztèques, les gravures sur bois d'Indonésie et, plus près de nous, dans les écrits de médecins aussi bien occidentaux, africains qu'asiatiques.

Dans les temps que l'on pourrait qualifier d'«anciens», les victimes de maux de tête ont été soumis aux traitements les plus variés. L'emploi d'animaux (crapaud, sangsues, etc.) ou de parties animales (peaux de serpent, testicules de castor, etc.) servaient également, dans de nombreux pays, de matières premières à des «traitements» dont je vous épargnerai la description. Une de ces techniques, un peu moins rebutante, consistait à pratiquer une incision sur le cuir chevelu. On frottait ensuite la blessure avec une gousse d'ail ou avec de l'aneth. Un autre remède que les médecins égyptiens conseillaient aux

migraineux était l'application de bandelettes d'argile humide autour de la
tête. En séchant, les bandelettes se
resserraient et compressaient du même
coup les artères migraineuses dilatées.
Ce traitement était de courte durée mais
tout de même efficace.

L'histoire des maux de tête a défié
tous les temps. Heureusement, pas ces
traitements qui, bien souvent, étaient
basés sur la croyance que c'était les
démons ou les forces du Mal présentes
dans le corps qui causaient cette douleur.
Les temps changent et les croyances
aussi!

QU'EST-CE QU'UN MAL
DE TÊTE?

La question paraît bien simple, j'en
conviens. Pourtant, le mal de tête est
tellement répandu que beaucoup de
personnes le considèrent davantage

comme un inconvénient de la vie courante que comme une maladie. Dans l'histoire de la médecine il n'existe pas de mal aussi difficile à enrayer. C'est probablement pour cette raison qu'à travers le monde, des milliers de comprimés, de calmants sont absorbés chaque minute dans l'espoir bien légitime de trouver un soulagement. Essayons donc d'y voir un peu plus clair.

Évidemment un mal de tête entraîne une douleur à la tête! Mais on peut diviser la tête en trois sections: le crâne, la nuque et le visage. Cette douleur peut être légère ou intense, lancinante ou pulsative, intermittente ou chronique. Une sensation de martèlement, d'élancement ou de brûlure peut également accompagnée la douleur.

D'autre part, on estime qu'il y a au moins 300 facteurs différents qui sont susceptibles de déclencher un mal de tête: la faim, le stress, un problème de santé passager ou chronique, pour n'en nommer que quelques-uns.

Mais pourquoi tant de différences dans les symptômes? Tout simplement parce qu'il y a plusieurs types de maux de tête, qui eux-mêmes ont différentes causes. C'est ainsi que certaines personnes se plaignent d'avoir un «mal de tête» alors que d'autres disent avoir la «migraine». Mais attention tous les maux de tête ne sont pas des migraines! On entend aussi parler de «céphalées». Alors comment s'y retrouver? Démystifions tout cela.

Premièrement, le mot «céphalée» n'est nul autre que le terme médical du mal de tête. Comme il existe plusieurs formes de céphalées il faut donc, pour mieux les identifier, les classer. Chose qui n'est pas facile à faire puisqu'il existe beaucoup de controverses autour du sujet. En effet, une douzaine de systèmes de classement est présentement utilisée. Le plus simple, à mon avis, est celui qui regroupe les céphalées selon leur origine. Cette méthode de classement comporte trois types de céphalées: celles d'origine «psychologique», celles d'origine vasculaire et celles qui sont reliées à une cause locale. Faisons, si vous le voulez bien, un survol des différentes catégories, pour ensuite approfondir les migraines et céphalées les plus courantes.

LES CÉPHALÉES D'ORIGINE «PSYCHOLOGIQUE»

Avant d'entrer dans les détails, une précision s'impose sur le terme «psychologique». En effet, ce qualificatif ne désigne aucunement que le mal de tête en question soit imaginaire, et ne sert pas non plus à en minimiser les douleurs. Il indique simplement l'intervention de la dimension psychique ou psychologique de l'être humain sur sa santé physique. La capacité à gérer le **stress** et les **émotions** étant différente d'un individu à l'autre, chez certains il en résulte parfois des réactions physiques dont les maux de tête.

Très courantes, ce type de céphalées englobe environ 50 % des cas de maux de tête chez l'adulte comme chez l'enfant. Eh! oui, les enfants aussi souffrent de maux de tête. On peut subdiviser les céphalées d'origine psychologique en quatre parties:

1- *La céphalée dépressive* : elle peut être le signe avant-coureur d'une dépression nerveuse, ou carrément l'accompagner. Lorsque la céphalée en est le seul symptôme visible, il s'agit alors d'une dépression «masquée».

2- *La céphalée anxieuse* : elle touche surtout les personnes nerveuses, stressées, très préoccupées par leur travail et qui relaxent difficilement.

3- **La céphalée tensionnelle** : elle ressemble beaucoup aux précédentes à la différence que la douleur qu'elle engendre est causée par la contraction soutenue des muscles de la nuque et du cou. Nous y reviendrons.

4- **La céphalée post-traumatique** : elle frappe principalement les personnes ayant subit une légère blessure à la tête ou un traumatisme crânien. Dans un cas comme dans l'autre, le syndrome post-traumatique peut survenir après un accident ou un assaut criminel. En plus des maux de tête, cette condition est souvent accompagnée d'étourdissements, d'anxiété, d'irritabilité, d'insomnie et d'une difficulté à se concentrer. Cette situation peut durer quelques semaines, quelques mois et parfois même quelques années.

Il semblerait toutefois que l'intensité des symptômes ne correspond pas nécessairement à la sévérité du traumatisme. Les prédispositions aux maux de tête ont ici leur importance. Ainsi, une personne anxieuse ou tendue aura des symptômes beaucoup plus marqués qu'une personne calme et qui sait se détendre.

Comment les reconnaître: De manière générale, les *céphalées d'origine psychologique* atteignent l'arrière du crâne. Les douleurs ressenties sont plus ou moins diffuses et durent toute la journée. De plus, la personne atteinte éprouve souvent de la difficulté à être attentive et à faire appel à sa mémoire. On peut la reconnaître par son regard anxieux, par le froncement de ses sourcils, par son front plissé, ou par ses mâchoires serrées. Aussi, elle a souvent, lors de ses maux de tête, les mains moites et froides. De manière générale, la douleur est aggravée par l'émotion, les contrariétés et la vie professionnelle; elle est améliorée par les distractions et les vacances. Ajoutons qu'une céphalée est d'origine psychologique **uniquement** lorsque les examens physiques (incluant radiographies et scanographies) et neurologiques n'ont rien décelé d'anormal.

LES CÉPHALÉES D'ORIGINE VASCULAIRE

Ici encore, on peut subdiviser cette catégorie en quatre parties:

1- *La migraine* : elle fait souffrir 10 % de la population mondiale et principalement les femmes! Elle se présente sous différentes formes (migraine commune, migraine classique, etc.), avec une seule caractéristique commune: des crises à répétition qui peuvent durer entre 4 et 72 heures si elles ne sont pas traitées. Entre les crises, la personne migraineuse se sent tout à fait normale. J'aborderai la migraine plus en détails dans les pages qui suivront.

2- **Les algies vasculaires de la face** : ce type de céphalée affecte moins de 1 % de la population et est souvent mal diagnostiqué. En fait, l'algie vasculaire de la face est fréquemment confondue avec la céphalée causée par une sinusite ou par des allergies. Essentiellement masculine, elle affecte surtout les hommes âgés entre 20 et 40 ans.

Comment la reconnaître: très intense, elle frappe la moitié du visage. En général, les crises se manifestent une fois par année, mais durant environ un mois (un long mois). La fréquence des attaques est de une à huit par 24 heures. La douleur insoutenable s'installe autour de l'oeil, et provoque des larmoiements et des sécrétions nasales. Elle entraîne pour celui qui en souffre une grande agitation.

3- *La céphalée artérielle* : elle est due à une maladie générale. Celle que l'on rencontre le plus souvent est celle qui accompagne la grippe, et disparaît en même temps que cette dernière. Elle peut également accompagner une infection. Dans les deux cas, il y a souvent de la fièvre. L'hypertension peut aussi causer la céphalée artérielle. Il s'agit donc de traiter cette affection en premier lieu et les douleurs à la tête devraient diminuer par le fait même.

Comment la reconnaître: dans un cas de grippe ou d'infection avec fièvre, la céphalée artérielle ressemble à une migraine. La douleur est, la plupart du temps, localisée derrière les yeux et lancinante. Elle est aggravée par le mouvement, et surtout lorsque vous vous penchez.

Dans un cas où c'est l'hypertension qui est en cause, la douleur est diffuse et apparaît derrière la tête. Elle débute souvent vers la fin de la nuit et cesse dans l'avant-midi. Elle peut être accompagnée de vomissements ou de nausées, de bourdonnements dans les oreilles, de palpitations, de fatigue générale et de «mouches» lumineuses devant les yeux.

4- *La céphalée d'effort* : elle doit son nom au fait qu'elle apparaît après un effort physique exténuant (entraînement sportif), ou même après une relation sexuelle. Cette forme de céphalée est parfois pénible car elle est persistante. Autrefois, ce type de mal de tête était connu sous différents noms (mal de tête de la toux, de l'éternuement, du bâille-ment, du rire, etc.).

Comment la reconnaître: la douleur est plus sourde et modérée que d'autres maux de tête. Elle apparaît à l'arrière de la tête ou en étau. Elle a également tendance à frapper par coup. Elle dure de quelques minutes à plusieurs heures, selon les prédispositions de chacun aux maux de tête.

LES CÉPHALÉES DUES À UNE CAUSE LOCALE

À l'intérieur de cette catégorie nous retrouvons les causes physiques locales aux différents maux de tête qui les accompagnent. En général, il suffira de traiter le problème en question pour faire disparaître la céphalée. Toutefois, même si certaines affections se traitent assez facilement, d'autres se révèlent plus complexes (tumeur). On peut subdiviser cette catégorie en six parties:

1- *La cervicalgie* : est une douleur localisée au cou et, plus précisément, à la nuque. L'arthrose cervicale est souvent la grande responsable de ce genre de maux de tête. Il faut ajouter que si vous devez travailler de longues heures à un bureau ou devant un ordinateur, vous êtes beaucoup plus exposé à souffrir d'une cervicalgie qu'une personne active.

D'autre part, des Dérangements Intervertébraux Mineurs (DIM) peuvent aussi être la source d'une cervicalgie. En effet, l'irritation des racines nerveuses que les DIM entraînent au niveau cervical est suffisante pour causer la douleur. De plus, ces dérangements ne sont pas toujours décelés par les radiographies. Ils peuvent toutefois être décelés cliniquement en palpant soigneusement. Si vous ne faites ni d'arthrose ni de travaux sédentaires mais que vous vous reconnaissez dans la description ci-dessous, alors consultez un médecin ou un chiropraticien.

Comment la reconnaître: la douleur est vive, en étau. Localisée à la nuque, elle irradie vers le dessus de la tête. Elle survient par poussées aiguës et s'installe surtout lors des changements climatiques. Des vertiges l'accompagnent parfois.

En cas d'arthrose cervicale, les douleurs à la nuque peuvent également se propager à l'épaule, au bras et à la main. Certaines personnes éprouveront aussi une difficulté à pencher la tête vers l'arrière.

2- *Atteinte des yeux* : la myopie, la presbytie ou le strabisme peuvent causer des maux de tête. Si vous pensez que vos yeux sont responsables de vos maux de tête, n'hésitez pas à consulter un optométriste ou un ophtalmologiste. Si vous portez déjà des lunettes, vous pourriez devoir les changer. Même chose si vous portez des verres de contact. De plus assurez-vous qu'ils sont bien nettoyés, que vous n'êtes pas allergique à une des solutions d'entretien utilisées, ou encore que vous les avez tout simplement inversés!

Le glaucome peut aussi causer des maux de tête. Passez un examen médical, surtout si vous êtes âgé de plus de 40 ans.

Comment la reconnaître: la douleur est généralement localisée au front, en barre, et parfois autour des yeux. Elle apparaît surtout le soir, à la lecture ou après un effort visuel prolongé. Elle disparaît au repos. Si elle persiste, consultez votre médecin.

3- *Atteinte des dents* : un problème au niveau des dents ou de la mâchoire peut se traduire par un mal de tête. Une infection aux gencives, un kyste, l'arthrite de la mâchoire, une dentition pauvre (d'où une difficulté à mastiquer) de même qu'une simple visite chez le dentiste, où vous aurez dû subir des tensions musculaires importantes, sont toutes des causes pouvant être reliées à un mal de tête.

Comment la reconnaître: la douleur est généralement plutôt vive, assez pour empêcher de dormir. Elle est aggravée par les breuvages chauds ou très froids.

Si vous avez de la difficulté à ouvrir la bouche, ou si vous entendez des craquements lorsque vous mâchez, vous souffrez peut-être d'arthrite de la mâchoire (appelée aussi arthrite de la jointure temporo-mandibulaire) ou d'un débalancement de la mâchoire. La douleur pourra dans ce cas irradier vers le cou et les épaules, vers les oreilles ou vers les tempes. Elle sera aggravée par le fait de parler ou de manger.

4- *Atteinte aux sinus* : beaucoup de gens relient leur mal de tête à leurs sinus alors qu'il n'en est rien. Cette méprise est probablement due au fait que d'autres types de céphalées ont des symptômes semblables. Pour être certain qu'ils sont en cause, la céphalée sera, la plupart du temps, accompagnée de fièvre due à l'infection ou de symptômes allergiques aigus. Une radiographie sera très révélatrice sur l'état réel des sinus.

Comment la reconnaître: très intense, la douleur atteint le front et les maxillaires. Elle apparaît généralement le matin, en barre. Elle est aggravée par la toux, par les efforts en général ainsi que lorsque vous vous penchez vers l'avant. Fréquemment accompagnée de fièvre et d'obstruction nasale, elle est soulagée par l'écoulement nasal.

5- *La névralgie* : frappe principalement le nerf de la face. Ce nerf est appelé: le nerf trijumeau, car il a trois branches (les branches supérieure, moyenne et inférieure). On surnomme cette affection névralgique: le tic douloureux de la face est, en fait, la souffrance d'une des trois branches.

Comment la reconnaître: la douleur en éclair est pour ceux qui en sont victimes très pénible. Le seul élément positif de cette douleur est sa courte durée. Elle ne dure jamais plus de quelques secondes. Elle peut toutefois se répéter au moindre effleurement de la zone sensible appelée «zone gâchette». Située dans une partie de la moitié du visage, la douleur frappe localement entre le front et les maxillaires. Chaque fois, elle entraîne une contraction musculaire involontaire de la partie touchée.

6- *Atteinte neurologique cérébrale* : elle provoque une hypertension à l'intérieur du crâne, contrairement à tous les autres types de maux de tête qui sont d'origine extra-crânienne. Ce genre de céphalée peut être causé par une tumeur au cerveau, une malformation vasculaire ou une affection des méninges.

Les personnes qui souffrent de maux de tête chroniques ou, du moins, sévères appréhendent souvent d'avoir une tumeur au cerveau. Rassurez-vous, un mal de tête en est rarement le premier symptôme. De plus, c'est moins de 1 % des gens qui se font traiter pour des maux de tête qui souffrent d'une telle affection.

Comment la reconnaître: la céphalée due à une atteinte au cerveau peut se faire sentir dans toute la tête ou dans une partie bien précise. Elle apparaît brusquement et s'intensifie rapidement. Elle fait souffrir surtout dans la deuxième partie de la nuit et est accompagnée de vomissements le matin.

Pour ce qui est d'une tumeur au cerveau, elle est ordinairement accompagnée ou précédée de vomissements, de changements dans la personnalité, de somnolence et de difficultés de concentration. Évidemment, si vous vous reconnaissez dans cette description n'hésitez pas à consulter un médecin.

LES PRINCIPAUX MAUX DE TÊTE

Parmi toutes les formes de céphalées dont je viens de vous décrire les grandes lignes, certaines sont rencontrées beaucoup plus souvent que d'autres. Je vous propose donc d'approfondir trois types de céphalées: la céphalée tensionnelle, la migraine et la céphalée mixte.

1- **La céphalée tensionnelle**: elle apparaît habituellement à l'âge adulte. Quoiqu'il en soit, 10 à 20 % des personnes aux prises avec ce problème en souffrent depuis l'enfance ou l'adolescence. Du reste, elle touche autant les hommes que les femmes, et incommode plus que tout autre type de mal de tête.

On peut distinguer deux types de céphalées tensionnelles: aiguë et chronique. La première survient habituellement après une période de stress ou un événement bien déterminé. Dans ce cas, elle est temporaire et ne dure que quelques heures. Elle se résorbe lorsque vous réussissez à décompresser. La seconde revient plus fréquemment. Vous pouvez en souffrir de quelques jours à quelques semaines.

Dans les deux cas, la douleur ressentie provient de la contraction des muscles du cou, du visage et du cuir chevelu. La tension de ces muscles crée alors une impression de noeuds sous la peau.

De manière générale, vous pouvez vaquer à vos occupations quotidiennes sans trop de problèmes. Et même s'il est rare qu'une céphalée tensionnelle empêche de dormir, si vous êtes du genre chronique, il y a de fortes chances pour que vous ayez encore mal au réveil.

Comment la reconnaître: la douleur n'est précédée d'aucun avertissement ni de pré-mal de tête comme dans certains cas de migraines. Et même si la douleur apparaît surtout le matin, une céphalée tensionnelle peut survenir à n'importe quelle heure du jour. Elle n'est que très rarement accompagnée de nausées ou de vomissements. La douleur se manifeste sous la forme d'une pression continue, sans battements ni pulsations, qui commence souvent derrière la tête. Certains comparent leur douleur à une vis enfoncée derrière la tête, le cuir chevelu, le front ou le cou; d'autres à un chapeau enfoncé trop serré. Souvent, les deux côtés de la tête sont affectés. La douleur peut également irradier aux épaules, au dos, à la mâchoire ou derrière les oreilles.

2- **La migraine:** moins courante que la céphalée tensionnelle, elle n'en demeure pas moins importante puisqu'elle atteint près de 3,2 millions de Canadiens. Ce sont d'ailleurs les femmes qui en sont les principales victimes. Elle apparaît généralement avant l'âge de 40 ans, mais certaines personnes en souffrent depuis l'enfance ou l'adolescence. Si vous en souffrez, vous avez probablement une prédisposition héréditaire à la migraine. Le type de migraine et la fréquence qui la caractérise dépendront alors des facteurs déclenchants (aliments, environnement, etc.).

Le mot «migraine» nous vient du mot «megrim», qui lui-même vient de «hemicranium» (demi-crâne). Ainsi, de par son étymologie, cette affection est souvent latéralisée (d'un seul côté de la tête). Toutefois, la douleur peut se déplacer d'un côté à l'autre. D'ailleurs, il existe de nombreuses variantes de migraines.

Celles que l'on rencontre le plus souvent sont: *la migraine commune et la migraine classique*. La première compte approximativement pour 80 % des cas. Leur principale différence réside principalement dans le fait que la migraine classique avertit avant de frapper, c'est ce qu'on appelle une migraine avec aura (signes avant-coureurs). Pour sa part, la migraine commune se présente avec peu d'indices ou, la plupart du temps, pas du tout.

Dans les deux cas, les maux de tête sont habituellement intenses et invalidants. Souvent accompagnées de pulsations et de battements, les douleurs pertubent également le sens de la vue, de la parole et les sensations. Les nausées, les vomissements, les douleurs abdominales, la diarrhée, le besoin d'uriner sont souvent de la partie. L'intolérance à la lumière, aux sons ainsi qu'à certaines odeurs font également partie du cortège de la migraine (commune ou classique). Elles dérangent donc fréquemment le déroulement des activités quotidiennes. Voyons tout cela d'un peu plus près:

Comment reconnaître la migraine commune: appelée aussi migraine sans aura, elle peut toutefois présenter des symptômes quelques heures ou quelques jours avant son entrée: sautes d'humeur, fatigue générale, irritabilité, une faim de loup, une impression d'euphorie et un goût intense de sel ou de chocolat, etc. La douleur vous tire alors du lit ou s'installe en douce au cours de la journée. D'abord discrète, elle ne tarde pas à être insupportable. La douleur est souvent plus diffuse que locale. Elle peut se manifester d'un seul côté de la tête et survenir de l'autre lors d'une autre crise. Mais dans la moitié des cas, elle envahit, toute la tête ou le front, la nuque et les tempes. Les signes accompagnateurs (nausées, vomissements, sensibilité à la lumière, etc.) sont souvent moins intenses que dans une migraine classique.

Comment reconnaître la migraine classique: elle est très reconnaissable par l'aura qui la précède, et qui se poursuit parfois même pendant. Il s'agit alors de troubles visuels: points lumineux, étoiles, éblouissements, images floues, trous dans le champ visuel, etc. Il peut s'agir aussi d'engourdissements, de fourmillements, d'une crise de bâillements ainsi que de tous les signes accompagnateurs que j'ai énumérés précédemment. La douleur est souvent bien localisée d'un côté au début, mais peut se déplacer et même atteindre les deux côtés en même temps. Elle commence souvent au-dessus d'un oeil ou derrière l'oeil pour finalement s'étendre vers l'arrière de la tête.

3- **La céphalée mixte:** est également très répandue. Comme son nom l'indique, c'est une céphalée aux origines multiples: migraine, stress et troubles cervicaux.

Vous vous êtes peut-être reconnu dans la céphalée d'origine psychologique (stress), dans la céphalée d'origine vasculaire (migraine) et dans la céphalée due à une cause locale (cervicalgie). Si effectivement, vos symptômes sont reliés **à au moins deux** de ces catégories, vous souffrez probablement d'une céphalée mixte. Malheureusement, être migraineux n'exclut pas la possibilité d'avoir un autre genre de mal de tête.

Au total, il y a quatre différentes formes de céphalées mixtes puisqu'il y a quatre associations possibles: la migraine et le stress, la migraine et les troubles cervicaux, le stress et les troubles cervicaux, et enfin, la migraine, le stress et les troubles cervicaux. Ouf!

Comment la reconnaître: inutile de vous dire que les douleurs de la céphalée mixte sont très pénibles car lorsque vous en souffrez, vous avez affaire à des symptômes très variés. Compte tenu de la densité du sujet, je ne répéterai pas toutes ces caractéristiques. Référez-vous plutôt à chacune des sections correspondantes. J'aimerais toutefois souligner que vous pouvez associer vos maux de tête à une céphalée mixte **uniquement** lorsque les examens physiques (incluant radiographies, scanographies et électro-encéphalogrammes) et neurologiques n'ont rien trouvé d'anormal.

LES FEMMES
ET LA MIGRAINE

«Pas ce soir chéri, j'ai mal à la tête», voilà une phrase qui en fait sourire plus d'un. Quoiqu'on en dise, lorsqu'une femme doit s'enfermer dans sa chambre à l'abri de la lumière et du bruit, qu'elle doit s'absenter de son travail, qu'elle voit sa vie professionnelle et familiale bouleversée plusieurs jours par mois, je ne crois pas qu'elle fasse du cinéma. Ce qui lui vaut parfois des doutes quant à sa réelle existence, vient probablement du fait que la migraine est «invisible». Pourtant, s'il en est ainsi pour les autres, elle s'avère pour celle qui en est la victime un véritable cauchemar.

Du reste, la relation entre la migraine féminine et les fluctuations hormonales, auxquelles la femme est soumise de la puberté jusqu'à la ménopause, ne fait plus aucun doute. Qu'il s'agisse de l'ovulation, des règles, de la grossesse ou de la ménopause, la femme doit continuellement «s'ajuster» aux variations d'oestrogènes et de progestérone que son corps lui impose.

Rappelons que ces deux hormones sécrétées par les ovaires agissent en étoite relation. La première apparaît dès le début du cycle alors que la seconde n'est produite qu'à partir de l'ovulation. Le cycle féminin connaît deux pics: au début du cycle et à l'ovulation, en plus d'une chute brutale (fin du cycle) où les ovaires cessent la production d'hormones. Ce sont donc ces variations hormonales qui sont à l'origine de la migraine chez la femme.

Les règles

Nombreuses sont les femmes qui ont la migraine au moment de l'ovulation et durant la période menstruelle. Mais la migraine frappe principalement les toutes premières journées des règles et les quelques journées les précédant. Pour ce qui est de l'intensité du mal de tête, c'est surtout la migraine avant les règles qui fait le plus souffrir.

La grossesse

Dans 80 % des cas, cette période est synonyme de répit pour les migraineuses, surtout les six derniers mois. Ce phéno-mène peut s'expliquer par le fait que durant cette période le taux d'oestrogènes est à la hausse dans le sang. Les change-ments biochimiques qui ont alors lieu entrent probablement aussi en jeu. Quoi-qu'il en soit, les migraines communes disparaissent alors que les migraines classiques ont plutôt tendance à être aggravées durant les deux ou trois pre-miers mois. En définitive, la grossesse n'est pas un gage de rémission.

La ménopause

Bien souvent, cette nouvelle étape dans la vie de la femme correspond à la fin de ses migraines. Pourtant, la période de pré-ménopause correspondra plutôt à l'aggravation de ces dernières, l'équilibre oestrogènes-progestérone étant encore plus variable. Et même une fois la ménopause confirmée, certaines auront à affronter des migraines régulièrement.

La pilule

Les études les plus récentes, établissent qu'environ 7 % des femmes utilisant des anovulants deviennent migraineuses. De plus, une femme qui l'était déjà verra, en général, ses maux de tête s'aggraver. Si vous êtes une femme et que vous prenez la pilule, vous devez savoir que si, en plus, vous souffrez de diabète, d'hypertension ou de problèmes circulatoires, ou que vous consommez régulièrement de l'alcool, ou pire encore que vous fumez la cigarette, les risques d'accidents cardio-vasculaires sont multipliés.

LES ENFANTS
ET LA MIGRAINE

On estime que 1 à 2 % des enfants âgés de moins de sept ans sont victimes de maux de tête. Vers l'âge de 10 ans ce chiffre atteint 5 %. De manière générale, les petites victimes sont autant des garçons que des filles. Mais au fur et à mesure que la puberté approche la jeune fille devient la principale victime.

Mais qui sont-ils? Le profil psychologique de l'enfant migraineux, établi par certains chercheurs, le décrit comme étant un enfant anxieux, ambitieux, perfectionniste et doté d'une intelligence supérieure à la moyenne. Ce qui n'exclut pas qu'un enfant peut avoir des maux de tête et ne pas nécessairement cadrer dans cette description qui vous paraît peut-être limitée. Mais il faut davantage regarder du côté des origines pour comprendre ce phénomène chez les enfants.

Une précision s'impose avant de poursuivre: tous les enfants ayant des maux de tête ne sont pas nécessairement migraineux. En fait, la migraine n'est en cause que dans 3 à 5 % des cas. En ce qui concerne les causes graves (tumeur ou autre) responsables des céphalées chez les enfants, il ne s'agit que de 1 % des cas.

La principale origine des maux de tête infantiles est, comme chez les adultes, d'ordre psychologique (50 %) et ne veut pas dire que votre enfant a des troubles psychologiques profonds. Il peut s'agir d'un problème scolaire ou familial, temporaire ou qui tend à se prolonger. D'autre part, il n'est pas rare que les parents de ces enfants soient très exigeants en ce qui concerne leurs résultats scolaires et même para-scolaires. En effet, certains enfants suivent parfois des cours (musique, sport, danse, etc.) après l'école pour faire plaisir à leurs parents, et deviennent alors nerveux et tendus. Le mal de tête devient alors la réponse physique à une situation stressante que l'enfant n'arrive pas toujours à verbaliser. Il peut s'agir aussi d'une tentative inconsciente de s'esquiver des contraintes scolaires (devoirs ou activités que l'enfant appréhende). À l'inverse, un effort de lecture ou la concentration intellectuelle prolongée peuvent de la même manière provoquer des maux de tête.

Les autres causes attribuables aux maux de tête dont souffrent les enfant de 5 à 15 ans sont très variées. Voyons les plus fréquentes. C'est parfois une cause ophtalmologique (myopie, astigmatisme, strabisme, etc.). Les maux de tête peuvent également être reliés à une ou plusieurs caries dentaires pas encore décelées (de nombreux enfants en ont sans le savoir). La consommation de crème glacée peut aussi causer des maux de tête (il y a alors une réaction vasculaire au moment où la crème glacée entre en contact avec le palais qui lui est chaud). Et chez les pré-adolescents, il y a malheureusement aussi le tabagisme (de plus en plus fréquent chez les jeunes) que l'on peut inculper.

La principale difficulté à diagnostiquer une céphalée chez un enfant vient du fait que, bien souvent, les symptômes accompagnateurs sont plus apparents que le mal de tête lui-même. Ces symptômes sont le plus souvent: les douleurs abdominales, les nausées, les vomissements, la fièvre, la sensibilité à la lumière du soleil, la pâleur du visage. Parfois aussi: la diarrhée et les troubles visuels (sensation de flou ou de brouillard).

Chez certains elles sont fréquentes (plusieurs fois par mois), chez d'autres elles sont sporadiques (quelques fois par année). Dans un tiers des cas, les céphalées s'estompent définitivement avec la puberté. Dans les autres cas, elles réapparaissent à l'âge adulte lors d'un événement particulièrement exigeant ou intense, ou laissent tout simplement place aux céphalées d'adultes.

LA MIGRAINE DE FIN DE SEMAINE

Voilà un type de migraine assez courant, même si ceux qui en souffrent ne s'en vantent généralement pas. Si vous ne souffrez pas la fin de semaine, peut-être que les congés ou les vacances vous donnent eux des maux de tête. Différentes théories expliquent le pourquoi et le comment de ce phénomène.

Certains chercheurs attribuent ces migraines aux changements d'horaire dans le sommeil. Évidemment, pendant la fin de semaine ou pendant les vacances, vous aimez bien faire la grasse matinée. Il vous est alors recommandé de vous levez à votre heure habituelle, quitte à vous recoucher plus tard.

D'autres associent les migraines de fin de semaine aux changements alimentaires. Vous prenez peut-être moins de café. Alors que votre système est habitué à recevoir une certaine dose les jours où vous travaillez, celui-ci réagit et sonne l'alarme. Il vous est alors conseillé de réduire graduellement pendant la semaine votre consommation de café, de thé ou de tout autre excitant. Par ailleurs, vous mangez peut-être plus de sucre ou de petits desserts que vous ne vous permettez pas la semaine. Un conseil: ne faites pas trop d'excès de table en cette période, et si vous voulez vous sucrez le bec il existe de merveilleux livres de recettes pour réaliser des desserts «santé».

Il ne faudrait pas oublier le rôle important de l'alcool, de la cigarette (même si vous êtes non-fumeur, le fait d'en respirer peut causer votre mal de tête) et du manque de sommeil.

CHAPITRE 2

POURQUOI LA DOULEUR?

Depuis des milliers d'années le mal de tête intrigue, et même si les vingt dernières années ont été particulièrement riches en découvertes, il reste encore de nombreux points d'interrogation. De nombreuses théories expliquent le phénomène de la douleur et de ses différents symptômes. Le but de ce livre n'étant pas de trancher la question, je vous en exposerez simplement les grandes lignes.

Quand on parle de migraine, par exemple, la dilatation excessive des vaisseaux sanguins et le rétrécissement de ces derniers jouent un rôle très important dans le déclenchement de la douleur et des différents symptômes associés à la migraine. La dilatation elle, cause de la douleur en faisant une pression sur les nerfs reliés aux veines ou aux artères qui sont touchés. Le rétrécissement lui, cause une diminution de la circulation sanguine vers les différentes parties du cerveau, ce qui peut provoquer les troubles de la vue, la faiblesse ou la somnolence. Par ailleurs, il semble que des facteurs autant biologiques que émotionnels puissent déclencher ces réactions dites anormales des vaisseaux sanguins.

En ce qui concerne les céphalées tensionnelles (où il y a contraction des muscles du cou, du visage et du crâne), les recherches démontrent qu'il y a un rapport avec la douleur et la diminution de l'afflux sanguin dans ces régions. Par le fait même, les déchets métaboliques s'accumulent et finissent par irriter les tissus situés autour des vaisseaux sanguins.

Certains pensent toutefois que les migraines et les céphalées tensionnelles ne sont que différents visages à un seul problème. Lequel? Possiblement celui d'un désordre du système nerveux central, et plus précisément celui de la sérotonine. Cette substance chimique se retrouve dans divers tissus dont celui du cerveau. Elle semble jouer un rôle très important dans la régulation de nos émotions, de nos humeurs, du sommeil, de l'appétit, de la douleur et bien sûr des maux de tête.

Finalement, ce désordre serait la source des prédispositions biologiques menant à transformer les différents stress physiques et émotionnels en migraines ou en céphalées tensionnelles. Une fois en place, ces prédispositions biologiques sont influencé par divers événements ou facteurs déclenchants qui, à leur tour, détermineront la nature, la fréquence et l'intensité de votre mal de tête .

POURQUOI MOI?

Souvent on ne comprend tout simplement pas ce qui nous arrive, et l'on se dit: pourquoi moi? Pourquoi une femme souffre t-elle de migraine à chaque menstruation alors que sa meilleure amie n'en souffre jamais? C'est une question de prédisposition. D'où vient-elle cette fameuse prédisposition? De notre **hérédité**.

Bien qu'il n'existe pas de gène porteur du mal de tête, plusieurs études révèlent que si un de vos parents (père ou mère) souffre de maux de tête, vous avez une chance sur deux d'en souffrir également. Si vos deux parents sont aux prises avec ce problème, le risque s'élève à 75 %. Ce qui explique l'existence de familles de migraineux. Mais gardez à l'idée que si votre bagage héréditaire vous prédispose à cette affection,

elle ne vous condamne pas systématiquement.

Finalement, si vous souffrez de
migraines ou de maux de tête régulièrement c'est que votre système vasculaire est plus sensible que la normale
et qu'il réagit à certains facteurs.

LES FACTEURS
DÉCLENCHANTS

Il arrive souvent que plusieurs facteurs
entrent en jeu dans le déclenchement
d'une migraine ou d'un mal de tête.
Voyons ça de plus près.

Les hormones

Comme nous l'avons vu au chapitre 1,
dans la section «Les femmes et la
migraine», les hormones ont une très
grande importance dans la vie d'une
femme. Fait intéressant: la production
d'hormones chez les femmes mi-

graineuses et non-migraineuses ne semble pas différente. Ce qui fait la différence c'est le seuil de tolérance (physiologique) aux changement hormonaux. J'ajouterais que l'aspect le plus difficile de ce phénomène est qu'il revient d'une façon cyclique.

Le stress

Le rythme de la vie actuelle est sans contredit essoufflant. Stress physique et stress émotionnel peuvent tous les deux provoquer des maux de tête ou des migraines. Qu'il s'agisse d'anxiété chronique ou la perte subite d'un être cher, qu'il s'agisse d'un nouvel emploi ou le fait de partir en vacances, les événements négatifs et positifs peuvent être une source importante de stress, particulièrement chez les personnes prédisposées aux céphalées. Finalement tout changement de routine est potentiellement perturbateur. Souvent ces personnes fonctionnent très bien pen-

- **Les boissons:** bière, vin et liqueurs, thé, café, chocolat chaud.
- **Les viandes et poissons:** jambon, hot-dog, bacon, pepperoni, salami fermenté, saucisson, abats d'animaux, viandes en conserve, poisson fumé, poisson séché et salé.
- **Les fruits et légumes:** avocats, bananes, fruits secs, agrumes, zeste d'agrumes, oignons, olives.
- **Les produits laitiers:** crème sûre, yogourt, fromages vieillis: brie, camembert, cheddar fort, gouda, gruyère, emmenthal, roquefort, parmesan.
- **Les autres aliments:** mets chinois, mets surgelés, pizza, vinaigre ou tout aliment contenant du vinaigre (marinades, moutarde, ketchup, etc.), soupes en conserve, bases de soupe (en cube ou en poudre), beurre d'arachides, et les «aliments» (boissons gazeuses, gomme à mâcher, pouddings, etc.) contenants du Nutrasuc (aspartame). Pensez aussi à la crème

glacée et aux boissons très froides qui peuvent provoquer des maux de tête.

L'environnement

Si vous êtes prédisposé aux maux de tête, vous êtes probablement sensible aux bruits forts, aux lumières vives (néons, téléviseur mal réglé,), aux odeurs (pipe, cigare et certains parfums). Les changements brusques de température peuvent également précipiter un mal de tête. Le soleil peut aussi être responsable de vos problèmes, soit par les reflets (portez des verres fumés), soit par une trop longue exposition aux rayons (évitez les bains de soleil et portez un chapeau au soleil).

Les mauvaises postures

Voilà un facteur courant dans le développement d'un mal de tête. **Debout**: en essayant d'atteindre un objet placé trop haut. **Assis**: à un bureau (les jambes croisées) ou en voiture. **Couché**: en plaçant l'oreiller sous la tête seulement alors qu'il devrait être aussi sous le cou, ou en dormant sur le ventre. N'oubliez pas que l'usage de somnifères peut aussi provoquer des maux de tête. Ils vous empêchent de changer de position et, par conséquent, de corriger les mauvaises postures.

N'oubliez pas également que le port de souliers à talons hauts peut provoquer des maux de tête. Il n'est pas naturel d'être perché sur des talons. Par conséquent, tout le corps doit s'ajuster (genoux, jambes, dos, cou), ce qui cause une tension anormale et occasionne parfois des maux de tête.

CHAPITRE 3

L'HOMÉOPATHIE: VOTRE SOLUTION

Le journal de bord

Comme nous venons de le voir, de nombreux facteurs peuvent intervenir dans l'apparition d'un mal de tête, encore faut-il savoir lesquels vous concernent. De même, il est indispensable que vous puissiez décrire votre mal de tête au thérapeute homéopathe qui vous accompagne dans votre démarche de guérison. Le mal de tête étant ce qu'il est, c'est-à-dire «invisible», vous êtes la seule personne qui puissiez décrire comment vous vous sentez.

Afin de vous faciliter la tâche, de nombreux spécialistes en la matière recommandent fortement de tenir un **journal de bord.** Et même si certains jours vous n'avez pas le goût d'y consacrer les quelques minutes nécessaires, garder en mémoire que ce cahier est un excellent outil pour parvenir à cerner vos maux de tête.

Choisissez un simple cahier, pas trop grand si vous voulez le trimbaler avec vous lorsque vous allez à l'extérieur. Voici quelques indications pour tenir votre journal:

1- la date;
2- les conditions atmosphériques;
3- comment vous vous sentez émotionnellement (triste, dépressif, heureux, euphorique, etc.);
4- indications sur votre santé (insomnie, règles, rhume, etc.);
5- mal de tête ou pas? (si oui, est-il sévère, modéré ou léger);
6- description de votre mal (arrière de la tête, cou, visage, avec ou sans battements, etc.) ;
7- activités particulières de la journée;

8- aliments que vous suspectez être un déclencheur.

Ces indications ne sont que des balises. L'important est que vous appreniez à être à l'écoute de vos symptômes pour éventuellement déterminer les déclencheurs. Une fois que vous pourrez faire des associations, il sera beaucoup plus facile pour votre thérapeute homéopathe de vous conseiller judicieusement.

L'Homéopathie: pour qui et pourquoi

En plus d'être naturels, les remèdes homéopathiques offrent l'avantage d'être sans effet secondaire. Ils sont donc tout à fait indiqués aux femmes enceintes et aux enfants pour qui les médicaments traditionnels représentent, dans plusieurs cas, un danger.

Du reste, hommes et femmes peuvent profiter de leur action bénéfique sur la santé puisqu'ils visent à régulariser le fonctionnement de l'organisme.

Guérir le mal par le mal

Le mot «homéopathie» nous vient du grec: *homoïs* (semblable) et *pathos* (maladie). L'Homéopathie, dont les racines remontent à l'Antiquité, repose donc sur un grand principe de base: **la loi des semblables**.

Selon cette loi, toutes les substances qui provoquent des symptômes chez une personne en santé peuvent, à l'inverse, guérir un malade ayant des symptômes semblables. Prenons un exemple concret. Nous savons tous que le café provoque de l'insomnie. Eh bien si un insomniaque a recours à COFFEA (produit homéopathique), il pourra recouvrer le sommeil.

Autre chose importante. Les médicaments homéopathiques ne contiennent que des doses infiniment petites de ces fameuses substances, si bien qu'ils ne représentent alors aucun danger de toxicité. Ainsi, si votre enfant avale en cachette tout un tube de granules homéopathiques, il n'y aura aucun risque d'empoisonnement.

La présentation des médicaments

Les médicaments visant à guérir vos migraines et maux de tête se présentent sous différentes formes. Ceux que je vous propose dans ce livre se prennent sous forme de gouttes, de granules, de comprimés, et de solutions buvables (pour ce qui est des oligo-éléments). Je propose également certaines tisanes qui sont, dans certains cas, un complément intéressant au traitement homéopathique.

Le choix d'un médicament

L'Homéopathie ne tient pas seulement compte de la maladie, mais aussi du malade et de ses symptômes à lui. Ainsi, il se peut que deux personnes ayant des migraines aient des symptômes différents et des causes différentes. Ces deux mêmes personnes devront donc prendre des substances homéopathiques différentes. Par conséquent, il est important de lire attentivement la description des symptômes reliée à chaque médicament.

Certains médicaments proposés dans ce livre sont à prendre systématiquement, d'autres en cas d'urgence, d'autres sont complémentaires et d'autres sont facultatifs.

Important...

Vous pourrez noter que certains médicaments peuvent convenir à la fois pour un mal de tête et pour une migraine. Ceci vient du fait que les symptômes de l'un et de l'autre sont parfois identiques. Donc, prenez le temps de lire les deux catégories qui suivent («Comment traiter un mal de tête» et «Comment traiter une migraine»). Ainsi, vous trouverez exactement la ou les substances qui vous conviennent.

COMMENT TRAITER
UN MAL DE TÊTE

•.*Traitement de fond:* prenez **L 77: Cyclamen Complexe**, 15 à 25 gouttes dans de l'eau lors des crises, et 10 gouttes au besoin. Ce complexe est l'indispensable pour venir à bout de vos maux de tête. Il est donc **à prendre systématiquement pour tous les types de maux de tête.**

• *En cas d'urgence* : prenez **Nervopax**, 2 comprimés à croquer au besoin. Ayez-en toujours à portée de la main. Dans votre sac à main ou dans le coffre à gants de votre voiture, NERVOPAX **sera très utile lorsque qu'un mal de tête vous prendra par surprise.** Et n'oubliez pas que plus un mal de tête est pris rapidement, plus il est facile de s'en débarrasser.

• *Traitement complémentaire:* si vos symptômes correspondent à une des descriptions ci-dessous, alors, **en plus de L 77, prenez la substance qui convient à vos symptômes**. La POSOLOGIE est la même pour toutes les substances, 3 granules au besoin, jusqu'à 6 prises quotidiennes.

(Si aucune des descriptions suivantes ne correspond pas à votre état, alors référez-vous au schéma thérapeutique que j'explique immédiatement après)

• **Baryta carbonica 30 K:** si vos maux de tête apparaissent après une exposition à un froid sec; s'ils se localisent au niveau de la face avec une sensation de toile d'araignée.

• **Belladona 30 K:** si vos maux de tête présentent des douleurs qui débutent et disparaissent brusquement; s'ils s'accentuent à la lumière, aux bruits, aux secousses; si vous avez l'impression de battements dans la tête et le cou.

• **Bryonia 30 K:** si vos maux de tête sont situés à l'arrière de la tête; s'ils sont aggravés par le moindre mouvement et que même le fait de respirer vous donne l'impression que votre cerveau va éclater.

• **Causticum 30 K:** si vos maux de tête vous donnent des douleurs vives au visage; s'ils surviennent après un coup de froid; si vous avez de la difficulté à ouvrir la bouche; si la douleur est aggravée par un orage, par un changement de température ou pendant la nuit.

• **Cedron 30 K:** si vos maux de tête reviennent tous les deux jours et souvent à la même heure; si vos douleurs se situent au-dessus d'un oeil (le gauche le plus souvent).

• **Kalmia latifolia 30 K:** si la douleur se situe particulièrement dans l'oeil ou dans l'orbite droit; si elle s'accentue lorsque vous tournez les yeux; si elle apparaît brusquement en éclair.

• **Natrum muriaticum 30 K:** si vos maux de tête sont chroniques avec battements pendant toute la journée; si vous avez un désir anormal de sel; si vous vous sentez dépressif et que vous préférez être seul.

• **Sanguinaria 30 K:** si vos douleurs se présentent à la nuque et qu'elles s'étendent vers l'oeil droit et la tempe droite; si elles sont accompagnées de bouffées de chaleur et de sensations de brûlure au niveau de la paume des mains et de la plante des pieds.

• **Spigelia 30 K:** si vos douleurs se présentent à la nuque et qu'elles irradient vers l'oeil gauche et la tempe gauche; si elles se manifestent par des palpitations violentes surtout lorsque vous êtes couché; si vous avez une peur bleue des objets pointus.

Rappel: Si vous n'avez pas trouvé la substance correspondante à vos symptômes, consultez le schéma thérapeutique qui suit.

• *Schéma thérapeutique* : Donc, **en plus de L 77, prenez la préparation homéopathique qui correspond à votre état.** La POSOLOGIE est la même pour toutes les préparations qui suivent: 15 gouttes 3 fois par jour.

• **L 49: Colubrina Complexe**: est tout indiqué pour les céphalées d'origine digestive. Convient particulièrement lorsque votre mal de tête survient après un abus de table, de café, d'alcool ou de tabac.

• **L 70: Gelsenium Complexe**: est la préparation homéopathique idéale pour les maux de tête d'origine névralgique.

• **L 71: Tarentula Complexe**: donne d'excellents résultats lorsque votre mal de tête est dû à la surexcitation nerveuse.

• **L 73: Cocculus Complexe**: convient très bien aux maux de tête accompagnés de vertiges et de nausées.

En résumé...

1- Prendre absolument le traitement de fond: L 77.

2- Prendre NERVOPAX en cas d'urgence.

3- Prendre une substance de la section «traitement complémentaire» **ou** une préparation homéopathique du «schéma thérapeuthique», selon ce qui vous convient.

N'oubliez pas que...

En plus d'être nuisibles à la santé, le café, le thé, l'alcool et le tabac diminuent l'action des remèdes homéopathiques. Alors surveillez-en votre consommation!

COMMENT TRAITER
UNE MIGRAINE

N'oubliez pas que certains médicaments
sont tout aussi efficaces pour les
migraines que pour les maux de tête. Par
conséquent, ne vous étonnez pas de les
voir apparaître de nouveau dans la présente catégorie.

• *Traitement de fond:* **L 77: Cyclamen
Complexe**: prenez 15 à 25 gouttes dans
de l'eau, 3 à 4 fois par jour. Ce complexe est l'indispensable pour venir à
bout de vos migraines. Il est donc **à
prendre systématiquement pour tous
les types de migraines.**

• *En cas d'urgence* : prenez **Nervopax**,
3 à 4 comprimés par jour à croquer.
Assurez-vous d'en avoir sous la main
**lorsqu'une migraine vous prend par
surprise**. NERVOPAX pourra vous
dépanner avantageusement.

• *Traitement complémentaire:* si vos symptômes correspondent à une des descriptions ci-dessous, alors, **en plus de L 77, prenez la substance qui convient à vos symptômes**. (Sinon, référez-vous au schéma thérapeutique que j'explique immédiatement après.)

• **Belladona 6 K:** si vos migraines apparaissent brusquement avec douleurs battantes et violentes; si vous avez la bouche sèche, le visage rouge et la tête chaude; si votre état s'aggrave à la lumière, au bruit et au mouvement; si vos douleurs sont calmées par l'obscurité et le calme.

POSOLOGIE:

5 granules au 15 minutes.

• **Cyclamen 30 K:** si vos migraines se manifestent principalement lors de vos règles; vous avez des vertiges et votre vision est troublée (scintillements, mouches lumineuses, etc.); vous manquez de confiance en vous et craignez souvent de mal faire.

POSOLOGIE: 5 granules à partir du 15e jour de votre cycle jusqu'à la fin de vos règles.

• **Gelsenium 30 K:** si vos migraines se manifestent par des douleurs partant de la nuque au front; si elles sont précédées d'un dédoublement de la vision et que vos globes oculaires sont douloureux; si vous avez la sensation d'avoir un bandeau serré autour de la tête; si votre état s'améliore lorsque vous êtes couché la tête haute ou après une urine abondante.

POSOLOGIE: 5 granules 3 fois par jour.

• **Glonoinum 6 K:** si vos migraines apparaissent avec battements violents dans les artères du crâne et du cou; si vous avez des bouffées de chaleur; si vos yeux sont injectés et que vous voyez des taches noires; si vous sentez votre tête très congestionnée.

POSOLOGIE: 5 granules 2 fois par jour, et au moment des crises.

• **Iris versicolor 30 K:** si vos migraines reviennent périodiquement tous les trois ou quatre jours; si elles sont précédées d'un brouillard visuel; si vos douleurs sont accompagnées de vomissements acides et brûlants.

POSOLOGIE: 5 granules matin et soir.

Rappel: Si aucune des substances précédentes ne correspond avec vos symptômes, consultez le schéma thérapeutique qui suit, vous y trouverez sûrement la préparation homéopathique qui vous convient.

• *Schéma thérapeutique* : Donc, **en plus de L 77, prenez la préparation homéopathique qui correspond à votre état**.

• **L 49: Colubrina Complexe**: convient parfaitement aux migraines d'origine digestive, et plus particulièrement lorsqu'elles sont déclenchées par un excès alimentaire, un abus de café, d'alcool ou de tabac.

POSOLOGIE: 15 gouttes 3 fois par jour.

• **L 72**: est très efficace pour les migraines d'origine nerveuse (émotivité, nervosité, excitabilité, angoisse).

POSOLOGIE: 15 gouttes 3 fois par jour.

• **L 112: Cholestérol Complexe**: est tout indiqué pour les personnes dont l'état de santé général est mauvais. Convient également aux personnes sédentaires ayant tendance à l'embonpoint.

POSOLOGIE: 15 gouttes 3 fois par jour.

• **Depuratum**: ce draineur végétal donne d'excellents résultats pour les migraines causées par la constipation. Ne doit pas, cependant, être pris d'une manière continuelle.

POSOLOGIE: prenez 1 à 2 gélules matin et soir.

• **Dragées Végétales REX**: ce laxatif phytothérapique est tout indiqué pour les migraines occasionnées par la constipation chronique.

POSOLOGIE: prenez 1 à 2 dragées le soir.

• **Tonique Végétal**: est d'une grande efficacité si vos migraines sont causées par la fatigue et l'anémie. Dans ce cas, certaines personnes auront aussi un manque d'appétit.

POSOLOGIE: prenez 1 cuillère à soupe 2 fois par jour, avant ou après les repas pendant 2 mois.

• **Chelidonium D2 gouttes**: convient très bien aux personnes dont les migraines sont dues à des problèmes au foie.

POSOLOGIE: prenez 15 gouttes 3 fois par jour.

En résumé...

1- Prendre absolument L 77 en traitement de fond.
2- Prendre NERVOPAX en cas d'urgence.
3- Prendre une substance de la section «traitement complémentaire» **ou** une préparation homéopathique du «schéma thérapeutique», selon ce qui vous convient.

MES AUTRES PETITES RECETTES...

Que vous souffriez de migraines ou de maux de tête, voici quelques autres petits trucs qui pourront vous être utiles, et ce, surtout si vous en souffrez de façon chronique.

• **Les oligo-éléments:** Ces substances sont préparées sous forme de solutions buvables et donnent d'excellents résultats dans les cas les plus rebelles. Il s'agit de LITHIUM OLIGOCAN et MANGANÈSE-COBALT OLIGOCAN qui se prennent ensemble (faites-les mélanger par votre pharmacien).
POSOLOGIE: Prenez 2 ml le matin à jeun, 2 ml le midi, et 2 ml le soir au coucher de cette préparation.

• **Le Cartilage de Requin 750 mg:** De qualité Homéocan, le Cartilage de

Requin constitue un excellent complément au traitement de fond pour qui
souffre de migraines ou de maux de tête
de façon chronique.

POSOLOGIE: Prenez-en 4 capsules par
jour en mangeant.

• **Tisane Hépatoflorine**: Voilà le
breuvage idéal pour les personnes dont
le foie est engorgé.

POSOLOGIE: Buvez de cette tisane
2 tasses par jour, après les repas (1
heure après, si possible).

• **Calmotisan**: Comme son nom
l'indique, cette tisane est recommandée
aux personnes nerveuses à cause de son
action calmante.

POSOLOGIE: buvez de cette tisane
2 tasses par jour, après les repas (1
heure après, si possible).

N'oubliez pas que...

En plus d'être nuisibles à la santé, le
café, le thé, l'alcool et le tabac
diminuent l'action des remèdes
homéopathiques. Alors surveillez-en
votre consommation!

CONCLUSION

J'espère que la lecture de ce livre vous aura aidé à mieux cerner la nature de vos douleurs (manifestations et déclencheurs y compris). Car sachez que comprendre la nature de son mal, c'est déjà un pas vers la guérison. La vie est trop courte, tout le monde en conviendra, pour passer son temps à souffrir. Alors pourquoi subir cette douleur lorsqu'il y a des solutions? Et pas n'importe lesquelles!

Légères ou intenses, aiguës ou chroniques, l'Homéopathie peut faire quelque chose pour vos douleurs à la tête. Elle a d'ailleurs déjà fait ses preuves, et continuera de les faire si on en juge par la popularité toujours plus grande de cette approche naturelle. L'Homéopathie ne traite pas seulement le mal de tête ou la migraine en question, elle traite la personne qui souffre. Elle tient compte de son hérédité, de ses habitudes de vie physiques et psychologiques, et vise davantage à rétablir l'équilibre qu'à simplement prescrire une pilule.

En plus d'être naturels, les remèdes homéopathiques ont l'avantage d'être sans danger. En effet, de nombreuses personnes abusent des médicaments traditionnels contre les maux de tête, et à force de vouloir calmer leur douleur, ils risquent de l'aggraver ou pire, de la provoquer. De plus, lorsqu'ils sont consommés sur une longue période un effet d'accoutumance s'installe et le sevrage devient difficile. Évidemment, l'Homéopathie écarte ces risques.

Alors, à tout ceux et à toutes celles qui souffrent de maux de tête et de migraines, je souhaite que ces quelques pages soient non seulement un espoir,

mais aussi un moyen efficace pour
mettre fin à vos douleurs lorsque vous
en aurez.

BIBLIOGRAPHIE

PROULX-SAMMUT, Lucette, «Migraines et maux de tête: quel casse-tête!», Une véritable Amie, publication mensuelle, numéro spécial de décembre 1991.

RAPOPORT m. d., Alan M. et SHEFTELL m. d., Fred D., *Headache Relief*, Éditions Simon and Schuster, 1990.

SANANÉS, Dr Roland, *Maux de tête...et bleus de l'âme*, Éditions Robert Lafont, 1986.

SAPER, m.d., Joël R. et MAGEE, m.d., Kenneth R., *Libérez-vous de vos maux de tête*, Éditions Guérin, 1982.

SCHWOB, Dr Marc, *Vaincre la migraine*, Éditions Grasset, 1985.

TAN HON J., Dr Nguyen et NOWAK, Dr Jean-Paul, *Homéopratique*, Éditions Octale, 1988.

Toujours disponibles
chez votre libraire

ÉDIMAG inc.

Biographie
ROBI, ALYS, Un long cri dans la nuit
(ISBN: 2-921207-34-6)....................................19,95$

Ésotérisme
BISSONNETTE, DANIELLE, Graphologie et
connaissance de soi (ISBN: 2-921207-14-1)...14,95$
LAVOIE, FLEUR D'ANGE, Le tarot rendu facile
(ISBN: 2-921207-32-X)....................................14,95$
RICHARD, PIERRE, Les prophéties de Nostradamus
(ISBN: 2-921207-43-5)......................................5,95$

Humour
TURBIDE, SERGE , Et voici Jean-Pierre
(ISBN: 2-921207-81-8)....................................12,95$

Philatélie
BIERMANS, STANLEY M. , Les plus grands
collectionneurs de timbres au monde
(ISBN: 2-921207-77-X)....................................26,95$

Relation d'aide
POWELL, TAG & JUDITH, La méthode Silva – La
maîtrise de la pensée (ISBN: 2-921207-82-6) .19,95$
VIGEANT, YOLANDE, Espoir pour les mal-aimés
(ISBN: 2-921207-11-7)....................................19,95$

Santé

BOISVERT, MICHÈLE, Comment se soulager de
   l'arthrose (ISBN: 2-921207-85-0).....................8,95$
BOISVERT, MICHÈLE, La santé, c'est votre affaire –
   Le guide de l'Homéopathie   (ISBN: 2-921207-45-1)..
   ....19,95$
BOISVERT, MICHÈLE, Libérez-vous de vos allergies
   (ISBN: 2-921207-78-8).....................................8,95$
BOISVERT, MICHÈLE, Retrouvez votre forme avec
   les oligo-éléments (ISBN: 2-921207-84)...........8,95$
CHALIFOUX, ANNE-MARIE, Mon guide santé
   (ISBN: 2-921207-02-8)....................................14,95$
COUSINEAU, SUZANNE, Espoir pour les
   hypoglycémiques (ISBN: 2-921207-44-3) ....17,95$
LEFRANÇOIS, JULIE, La technique respiratoire
   (ISBN: 2-921207-18-4)....................................15,95$
OUELLETTE, ROSE, Comment bien vieillir
   (ISBN: 2-921207-17-6)....................................11,95$
PROULX-SAMMUT, LUCETTE, La ménopause mieux
   comprise, mieux vécue (ISBN: 2-921207-76-1).23,95$
PROULX-SAMMUT, LUCETTE, Son andropause mieux
   comprise, mieux vécue (ISBN: 2-921207-86-9)..13,95$

Sexualité

BOUCHARD, CLAIRE, Comment devenir et rester une
   femme épanouie sexuellement
   (ISBN: 2-921207-01-X)....................................16,95$
BOUCHARD, CLAIRE, L'orgasme, de la compréhen-
   sion à la satisfaction (ISBN: 2-921207-09-5) ..16,95$
BOUCHARD, CLAIRE, Tests pour amoureux
   (ISBN: 2-921207-10-9)....................................22,95$

BOUCHARD, CLAIRE, Le point G
(ISBN: 2-921207-23-0)....................................5,95$
BOUCHARD, CLAIRE, La jouissance féminine
(ISBN: 2-921207-80-X)..................................14,95$
De ANGELIS, BARBARA, Les secrets sur les hommes
que toute femme devrait savoir
(ISBN: 2-921207-79-6)..................................23,95$
WESTHEIMER, RUTH Dr, Mon guide de la sexualité
(ISBN: 2-921207-75-3)..................................23,77$

Sports
GAUDREAU, FRANÇOIS, 100 conseils pour bâtir une
collection de cartes (ISBN: 2-921207-60-5).....5,95$

LES ÉDITIONS DU PERROQUET

Amour
52 façons de dire «Je t'aime»
(ISBN: 2-921487-02-0)..................................17,95$

Ésotérisme
HALEY, LOUISE, Astrologie, sexualité, sensualité,
sentimentalité (ISBN: 2-921487-10-1)............16,95$
HALEY, LOUISE, Comprendre les rêves et leurs
pouvoirs (ISBN: 2-921487-03-9)...................19,95$
SCALABRINI-VIGER, LOUISE, Utiliser le pouvoir
des pierres (ISBN: 2-921487-07-1) ....17,95$

Santé
DAIGNAULT, DANIEL, Comment vous protéger du
soleil (ISBN: 2-921487-04-7)..........................5,95$

Achevé d'imprimer
en mars 1994
sur les presses de
Imprimerie H.L.N. Inc.

Imprimé au Canada — Printed in Canada